新宿駅を出てダブルクロッシングを渡り下り線に入る府中行きの各停。国鉄新宿駅西側の京王線新宿駅のスペースは、東急東横線が渋谷駅から明治神宮の西側を抜けて新宿駅まで乗り入れる計画があり、そのために先行して用意してあった土地。1945（昭和20）年7月24日に京王新宿駅（現在の京王新宿三丁目ビル付近）から移転している。当時は戦時統合で東急京王線となっており、大東急時代の産物と言える。電車はデハ2404形（2404）で、1940（昭和15）年に製造された京王電気軌道の400形である。◎新宿付近　1960（昭和35）年1月11日

京王帝都電鉄の
沿線案内図
（所蔵・文：生田 誠）

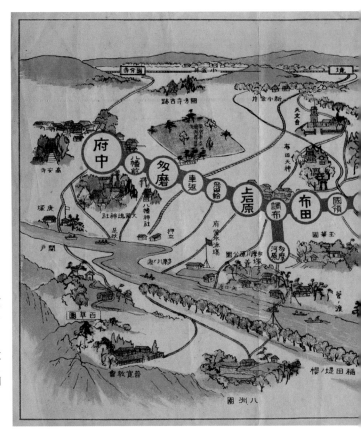

◎京王電車案内　大正期

新宿追分駅から府中駅までの間を結んでいた京王電気軌道（現・京王電鉄）時代の路線図である。始発駅付近には「停車場前」「葵橋」「新町」といった軌道上にあった停留場（駅）名が見える。一方、現在の初台駅は1919（大正8）年に改称橋から改称されたものである。比較的地味な色合いのこの絵図に華やぎを添えているのは、路線の北側を通っている玉川上水のサクラの花。もうひとつのサクラの名所だった多摩川沿いの稲田堤とともに美しいアクセントとなっている。

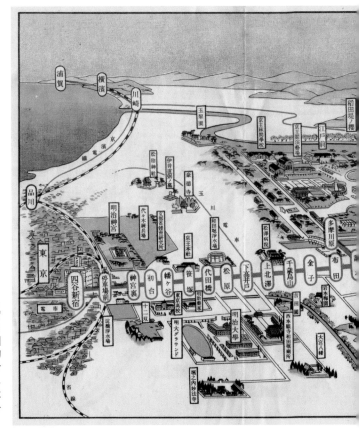

◎京王電車沿線案内　昭和戦前期

ここでは京王電車（京王電気軌道）の始発駅が、四谷新宿駅の新しいビルに変わっている。新宿駅（国鉄）と連絡する「停車場前」の停留場（駅）は残っているものの、「葵橋」「新町」「天神橋」といった古い停留場（駅）は消え、改正橋駅は初台駅と変わっている。一方、八王子側に目を移せば、北野駅から御陵前駅に延びる御陵線が開業している。ここでも玉川上水と稲田堤のサクラは健在だが、沿線の新しい観光地として誕生した多摩川原遊園・京王閣が大きく描かれている。

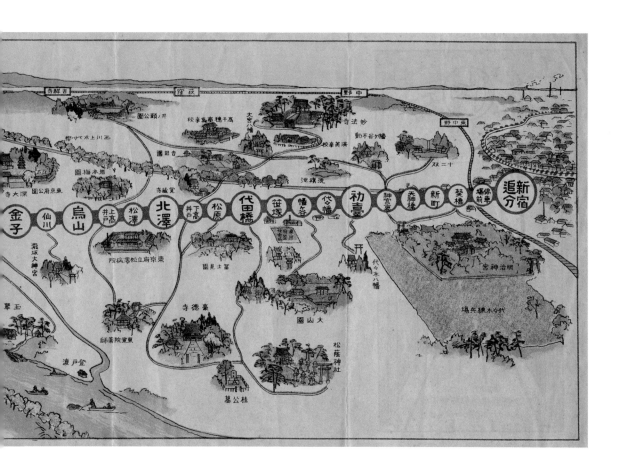

5

京王電車沿線案内

大日本印刷株式會社印行

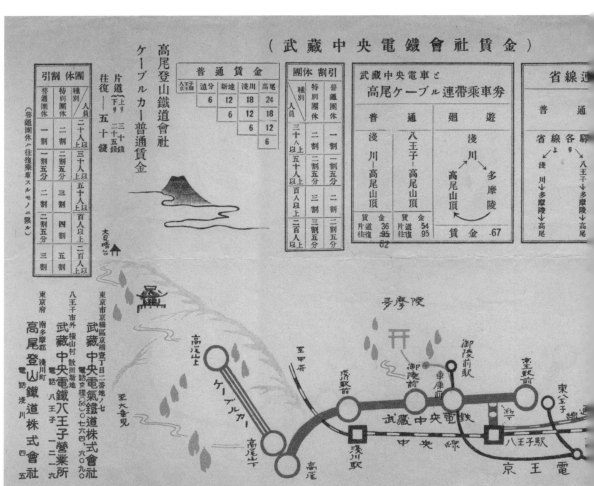

（武藏中央電鐵會社賃金）

普通賃金

八王子京王線	追分	新地	淺川	高尾
	6	12	18	24
		6	12	18
			6	12
				6

團体割引

種別	特別團体	普通團体
人員		
三十人以上五十人以上	一割	一割五分
五十人以上百人以上	二割	二割五分
百人以上二百人以上	三割	三割五分

武藏中央電車と 高尾ケーブル連帶乘車券

普　通		廻　遊
淺川	八王子	淺川
｜	｜	多摩陵
高尾山頂	高尾山頂	高尾山頂
賃金 片道36　　往復55	賃金 片道54　往復95	賃金 .67

省線連

普　通
省線各驛より
省線→淺川→多摩陵→高尾
八王子→多摩陵→高尾

引割体團

種別	特別團体	普通團体
人員		
三十人以上	一割	一割五分
三十人以上五十人以上	二割	二割五分
五十人以上百人以上	三割	
百人以上二百人以上		

（普通團体ハ往復乘車スルモノニ限ル）

高尾登山鐵道會社
ケーブルカー普通賃金

片道（上り）三十五錢
　　（下り）二十五錢
往復―五十錢

東京府南多摩郡浅川町
高尾登山鐵道株式會社
電話浅川四五

東京市京橋區京橋登丁目三番地ノ七
武藏中央電氣鐵道株式會社
電話京橋〔五〇七六四〕〔六〇九〇〕

八王子市外横山村散田新地
武藏中央電鐵八王子營業所
電話八王子一二二六

京王電車
八王子駅
省線
中央線
淺川駅
多摩陵
御陵前駅
車庫前
御陵前
高尾
高尾山上
ケーブルカー
高尾山下

◎京王電車沿線案内　昭和戦前期

前ページ下の京王電車沿線案内と同じタイトルの沿線案内図だが、起終点の左右は反対になっている。新宿駅（国鉄）と接続していた「停車場前」の停留場（駅）は、「省線新宿駅前」に名称を変更しているが、天神橋駅はまだ残っている。前者の駅名改称は1937（昭和12）年、後者の廃止は1939（昭和14）年なので、その間につくられたものと推測できる。この図で目立つのは、電車線とともに赤い線で記されているバス線で、神宮裏～淀橋間などの路線が見える。

◎武蔵中央電鉄路線図　昭和戦前期

1929（昭和4）年に設立され、八王子市内の軌道線となっていた武蔵中央電気鉄道の路線図で、未開通線として八王子～大宮間の路線も示されている。しかし、設立からわずか10年足らずの1938（昭和13）年に一部区間が廃止され、京王電気軌道（現・京王電鉄）に吸収、合併された。起点駅（停留場）は「京王駅前」であり、「車庫前」「御陵前」を経由して、「高尾」に至っていた。左側には連帯乗車券を発売していた、高尾ケーブルの路線も記されている。

◎京王帝都沿線案内　昭和戦後期

戦前の京王（京王電気軌道）と帝都電鉄が
一緒になった、京王帝都電鉄（現・京王）
の路線図で、この頃には都内にある2つ
の起終点駅の新宿、渋谷駅から東京、新
橋駅に延びるバス路線も描かれている。
八王子側の終着駅は東八王子（現・京王
八王子）駅であり、北野駅から延びる高
尾線もまだ開通していない。沿線の名所
では、戦前にあった多摩川原遊園・京王
閣が京王閣競輪場に変わり、東京天文台、
東京競馬場、聖蹟記念館、高幡不動、高尾
山などが記されている。

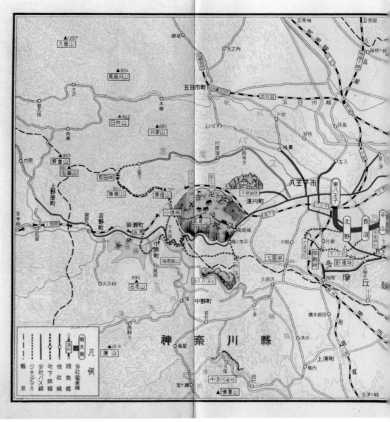

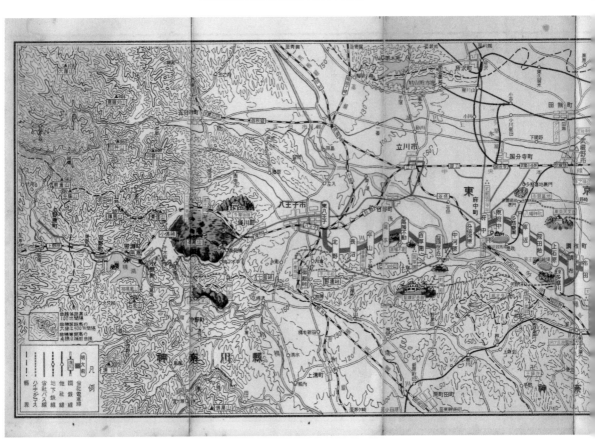

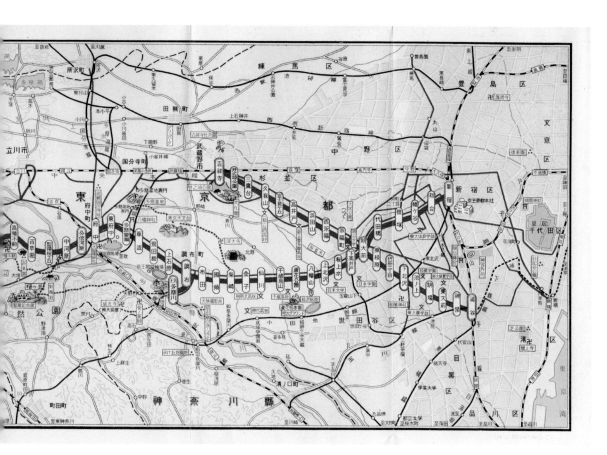

◎京王帝都沿線案内　昭和戦後期
この地図に見える沿線付近の市町村は、八王子市は
当然ながら、立川市、武蔵野市が見える一方で、府
中町、調布町、国分寺町などまだ市制を施行してい
ないところも多かった。ちなみに府中市は1954（昭
和29）年、調布市は1955（昭和30）年、国分寺市は
1964（昭和39）年に成立している。また、赤い線に囲
まれたブロックで示されている市街地の区域もこの
当時、右側の都内23区の部分に比べて、西郊の市や
町ではいかに小さかったかがわかる。
（所蔵：名古屋レール・アーカイブス）

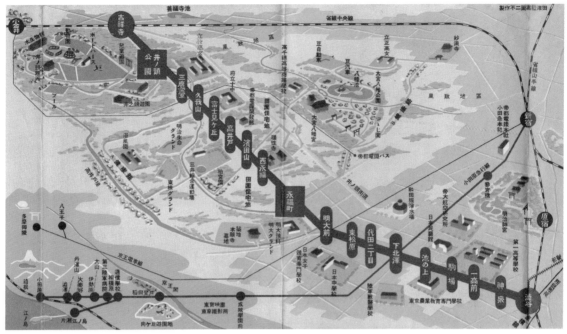

◎帝都電鉄路線図　昭和戦前期

新宿付近には、帝都電鉄（現・京王井の頭線）本社と小田急本社が並んで示されており、帝都電鉄の路線図とともに、小田急の路線図も描かれている。とはいえ、渋谷〜吉祥寺間の前者に対して、新宿〜小田原、片瀬江ノ島間の後者の路線の部分はかなり縮小されている。しかし、その中でも向ヶ丘遊園地は美しい花の咲いた場所になっており、帝都電鉄のバス路線があった大宮八幡公園のつつじ園、高井戸堤のサクラとともに、この絵図に明るい雰囲気を醸し出している。

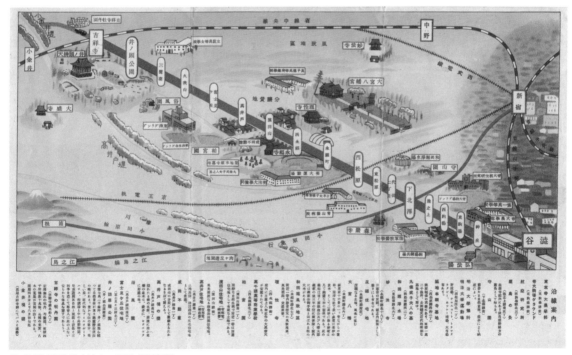

◎帝都電鉄路線図　昭和戦前期

上の路線図とともに、春の沿線案内図であるが、こちらでは小田急線の方はかなりシンプルな表現になっている。駅名についても、「東駒場」「西駒場」の２つが見え、両者の駅名が「一高前」と「駒場」に変わる1935・1937（昭和10・12）年以前のものであることがわかる。沿線の名所としては、やはり吉祥駅、井ノ（之）頭公園駅に近い、井の頭恩賜公園が大きく描かれており、浴風閣や柏宮園、成田不動尊、明大運動場などが見える。

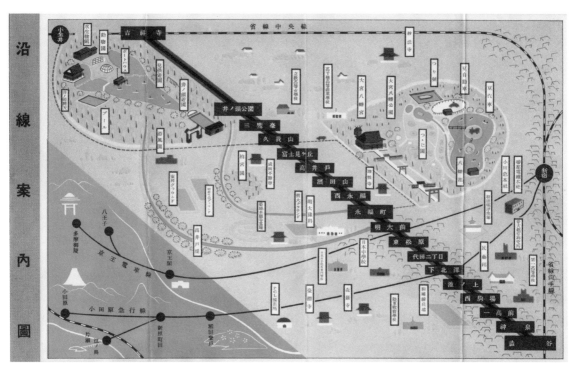

◎帝都電鉄沿線案内図　昭和戦前期

この路線図では、帝都電鉄（現・京王井の頭線）が走っている沿線一帯と、小田急電鉄、京王電気軌道（現・京王電鉄）の沿線部分が大きく色分けされて示されている。前者は春らしい桃色、後者は水色で、見る方の目は明るい色の世界に引き寄せられてゆく。中心となっているのは大宮八幡公園で、この当時はつつじ園、釣り堀とともに豆汽車や豆自動車などで子供が遊べる遊園地が存在した。ここでは井の頭恩賜公園とほぼ同じ大きさで、同じく魅力的に描かれている。

◎帝都沿線健康路略図　昭和戦前期

春の学校の郊外授業や遠足、あるいは家族連れのピクニックに役立つように発行されていた、帝都電鉄（現・京王井の頭線）のパンフレットに見える沿線健康路の地図である。永福町駅や西永福駅を最寄り駅とする大宮八幡公園、浜田山駅や高井戸駅からの高井戸堤、さらに井の頭恩賜公園付近とともに、その先にある天神山、深大寺方面への道路マップが記されている。かなり省略されている絵図とはいえ、詳しい番地や曲がり角の雑貨店の記載などがある親切な表現が見られる。

昭和初期の京王沿線地図 （文：生田誠）

帝國陸軍陸地測量部発行「1/25,000地形図」

1930（昭和5）年

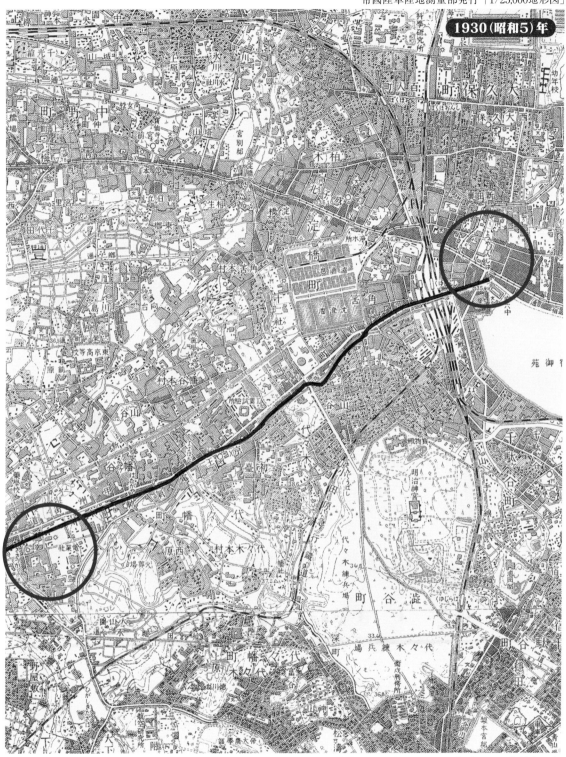

京王電気軌道（現・京王電鉄）は、その名称が示すように軌道上を走る路線から出発している。始発駅の四谷新宿駅を出てからしばらくは道路上の路線を走り、初台駅付近では専用線、その後は再び軌道線を走った後、代々幡駅から専用線を南西に行くことになる。一方、小田急線は高架橋の上を走る京王線の下をくぐって、南西の参宮橋駅方面に進んでゆく。また、現在は東京地下鉄丸ノ内線が地下を走る青梅街道上には、西武鉄道の西武軌道線（のちの都電14系統）が走っていた。

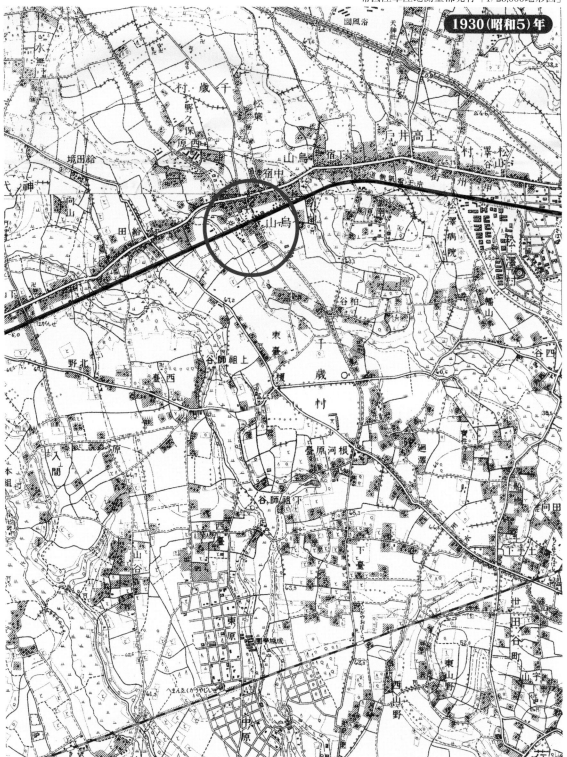

1930（昭和5）年

この付近の京王電気軌道の本線には松沢駅（現・八幡山駅）、上高井戸駅（現・芦花公園駅）、千歳烏山駅、仙川駅が置かれている。松沢駅が置かれていた松沢村（現・世田谷区）には東京府立（現・都立）松沢病院が存在した。一方、この西側は1889（明治22）年に烏山村、給田村、八幡山村、上祖師ヶ谷村などが合併して成立した千歳村であり、松沢村は1932（昭和7）年、千歳村は1936（昭和11）年に東京市に編入されている。

1930（昭和5）年

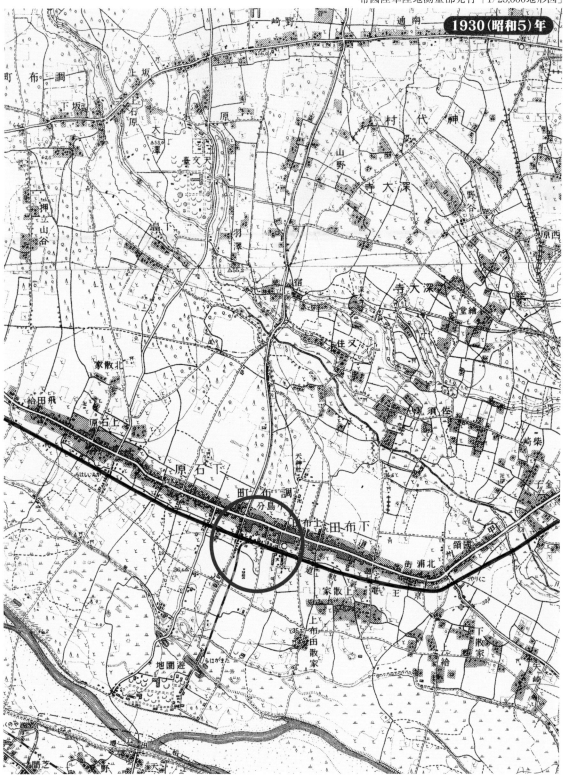

国領駅、調布駅、上石原駅（現・西調布駅）、飛田給駅が置かれている京王電気軌道の本線が見え、調布駅からは多摩川支線が延びている。この支線の終点は多摩川原駅（現・京王多摩川駅）で、駅に隣接する形で遊園地「多摩川原遊園・京王閣」が置かれていた。この路線は1971（昭和46）年に京王よみうりランド駅まで延伸し、相模原線と名称が変更された。この地図に見える調布町は、1955（昭和30）年に神代町と合併して調布市となった。

1930（昭和5）年

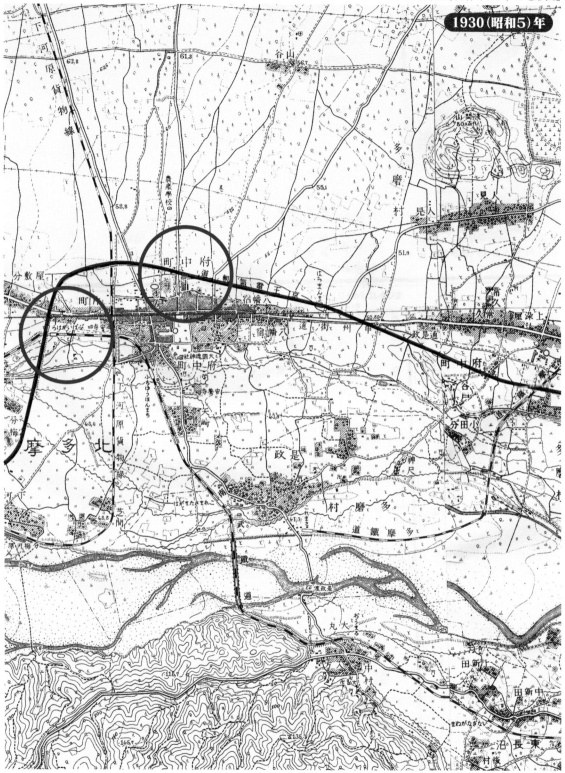

府中駅を出て西に進む京王電気軌道は、分倍河原駅に向かって南下してゆく。一方、南武鉄道（現・南武線）は北西の立川駅方面に向かってゆく。両者が交わるのは分倍河原駅で、1929（昭和4）年までは屋敷分駅と名乗っていた。地図の右下では多摩鉄道（現・西武多摩川線）が是政駅まで延びている。現在との大きな違いは、八幡前（現・東府中）〜府中競馬正門前間の京王競馬場前線が存在しないこと。武蔵野線ではなく下河原貨物線だったことである。

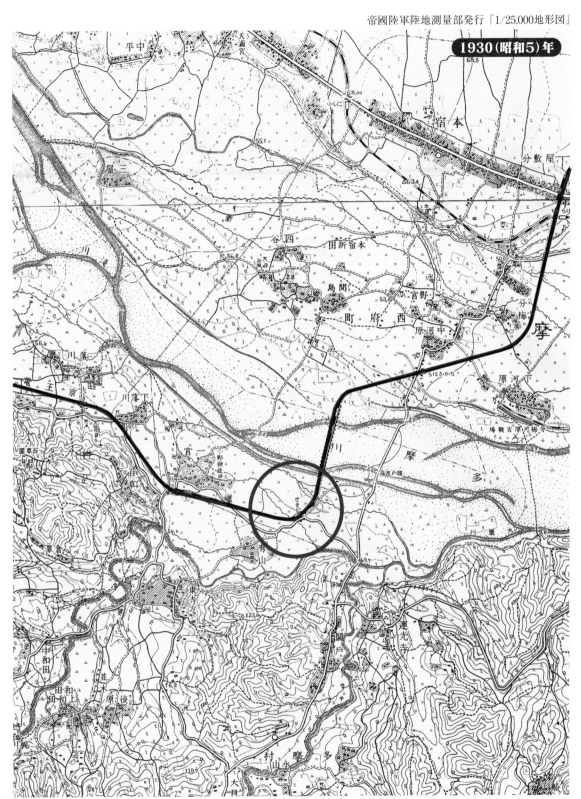

1930（昭和5）年

多摩川を渡って西に進んでゆく京王電気軌道（現・京王電鉄）の沿線付近の地図であり、中河原駅とともに関戸駅（現・聖蹟桜ヶ丘駅）、百草駅（現・百草園駅）が置かれている。2つの駅名は1937（昭和12）年に改称された。地図の上に見える西府町は正確には西府村で、1954（昭和29）年に府中町・多磨村と合併して府中市の一部となった。一方、下にある多摩村は1964（昭和39）年に多摩町となり、1971（昭和46）年に現在の多摩市が成立している。

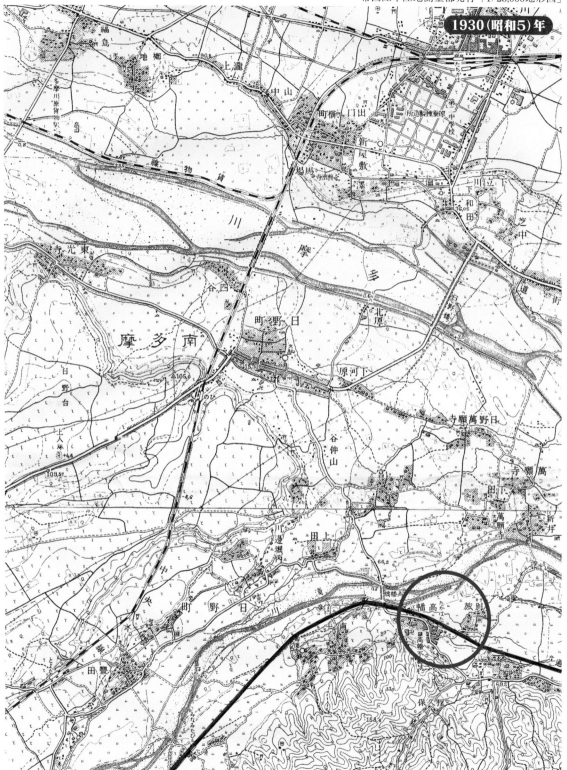

帝國陸軍陸地測量部発行「1/25,000地形図」

1930（昭和5）年

この地図の下では、高幡駅（現・高幡不動駅）を出て南西に進んでゆく京王電気軌道は、立川駅から南下してきた中央本線とほぼ並行して走っている。次の南平駅との駅間は2.4キロと少し長くなっている。一方、中央本線の日野駅と豊田駅との距離は2.3キロで、ほぼ同じ長さである。高幡駅は玉南電気鉄道時代の1925（大正14）年に開業し、1937（昭和12）年に現在の駅名となった。駅名の由来は、駅近くにある高幡不動尊（金剛寺）である。

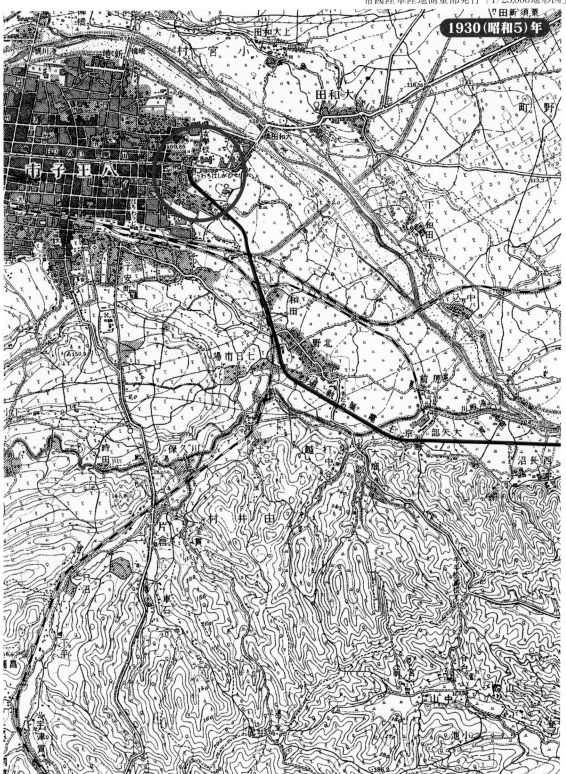

1930（昭和5）年

中央本線、京王電気軌道、横浜線が集まる八王子市の市街地が左上に描かれている。京王本線の終着駅は東八王子駅で、1963（昭和38）年に現在地に移転して、京王八王子駅と改称した。その手前には北野駅、長沼駅が見えるが、北野駅から延びる御陵線（のちの高尾線）はまだ開通していない。下側にあったのは由井村で、1889（明治22）年に片倉村、北野村、打越村などが合併して誕生しており、この後の1955（昭和30）年に横山村などとともに八王子市に編入された。

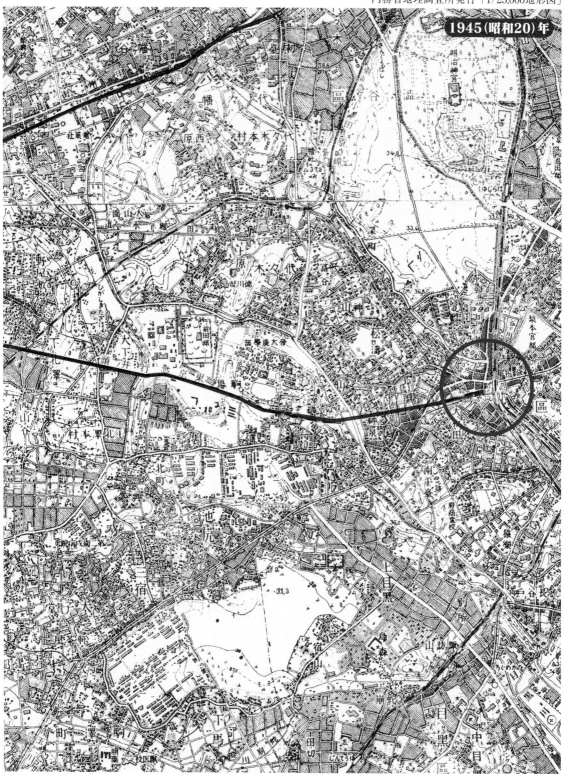

1945（昭和20）年

渋谷駅から延びる東京急行電鉄（大東急）の井の頭線だが、この地図では神泉駅、池ノ上駅は確認できない。また、この当時は一高前駅、駒場駅に分かれていた2つの駅も、現在の駒場東大前駅のようにひとつの駅になっている。現・東大駒場キャンパスも「帝大農学部」と表示されており、1935（昭和10）年の第一高等学校との用地交換の事実が反映されていない。その隣の前田邸は現在、駒場公園に変わっており、日本近代文学館が開館している。

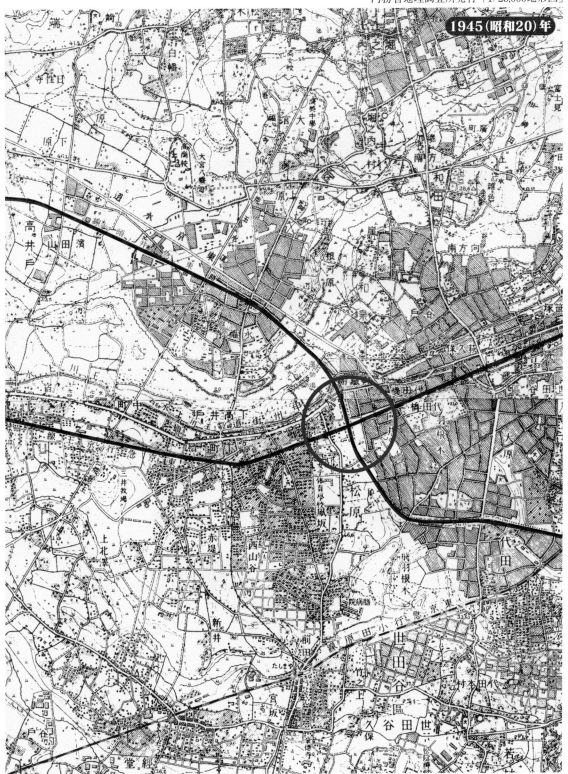

1945（昭和20）年

東京急行電鉄（大東急）時代の明大前駅付近の地図だが、京王線と井の頭線が交差する付近には駅が示されていない。京王線は1913（大正2）年に火薬庫前駅が誕生し、井の頭線は1933（昭和8）年に西松原駅が開業。1935（昭和10）年、ともに明大前駅に改称した。京王線には下高井戸駅、京王車庫前駅が見えるが、後者は1937（昭和12）年に桜上水駅に改称していた。一方、井の頭線には他の駅の記載も見えない地図となっている。

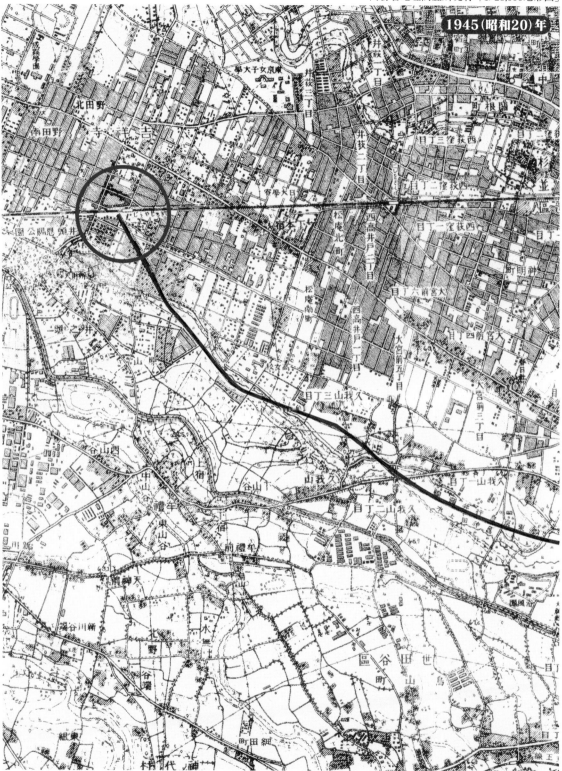

1945（昭和20）年

久我山駅方面から吉祥寺駅に向かって進んでゆく、東京急行電鉄（大東急）時代の井の頭線で、終着駅の吉祥寺駅は1934（昭和9）年に開業している。この当時は武蔵野町で、1947（昭和22）年に市制を施行して武蔵野市となった。一方、地図の下側は杉並区、世田谷区で、神代村の地名も見える。この村は神代町を経て、1955（昭和30）年に調布町と合併して、調布市の一部となった。地図の上側には東京女子大学、成蹊学園のキャンパスが見える。

戦前の京王線・井の頭線の時刻表

◯新宿府中間電車

週轉時刻 午前四時四十五分より夜十二時まで新宿、調布間二十分毎に發車、午前七時迄二十分毎に發車、代々幡、桜上水、府中、烏山、仙川、金子、國領、布田、調布、府中間代、上松

停留場 調布、飛田給、車返、下高井戸、北澤、下高井戸、多磨、上北澤、八幡前、桜上水、代田橋、新町、天神橋、神宮裏、神宮前、天神橋、神宮裏、初臺、代々幡、笹塚、多磨、代々幡、金子、國領、布田、調布、府中、上松

賃金 新宿より、石原二十八錢、下高井戸四錢、北澤、代田橋二錢、飛田給十六錢、多磨河原三十錢、飛田給二十四錢、多磨河原七十二錢、府中四十錢、遊覽乗車券（三割乃至五割引）學生月極乗車券（五割至七割引）回數乗車券（一割乃至七割引）

京王電氣軌道

京王電気軌道（大正12年）

●澁谷・吉祥寺間電車

三等車のみ 一〇・五・二七訂補

帝 都 電 鐵

澁谷區大和田町十一

●運轉時期 澁谷發吉祥寺發前五・二七より夜〇・一〇まで 十分乃至二十分毎に運轉

驛 名 澁谷、神泉、一高前、駒場、池之上、下北澤、代田二丁目、東松原、明大前、永福町、西永福、濱田山、高井戸、富士見ヶ丘、久我山、三鷹臺、井ノ頭公園、吉祥寺

賃金 澁谷ゟ池之上へ五錢、代田二丁目へ六錢、永福町へ十一錢、井ノ頭公園へ二十二錢、吉祥寺へ二十三錢

帝都電鉄（昭和10年）

澁谷・吉祥寺間 （電）

十五年四月一日訂補

（小田原急行鐵道 帝都線）

驛 名 澁谷、神泉、一高前、駒場、池之上、下北澤、代田二丁目、東松原、明大前、永福町、西永福、濱田山、高井戸、富士見ヶ丘、久我山、三鷹臺、井ノ頭公園、吉祥寺（省）

粁程	運賃	驛 名	吉祥寺行 初發	終發
0.0	錢	澁 谷發	… 4 45	11 55 0 30
2.5	5	池 之 上〃	… 4 51	0 01 0 36
5.6	6	代田二丁目〃	… 5 53	0 04 0 39
6.1	11	永 福 町〃	4 30 5 59	0 10 0 45
12.2	20	井 ノ 頭公園〃	4 45 6 16	0 24 …
12.8	20	吉 祥 寺（省）著	4 46 6 16	0 25 …

此間澁谷發・永福町間10分（朝夕6分）永福町・吉祥寺間20分間隔運轉

粁程	運賃	驛 名	澁 谷 行 初發	終發
0.0	錢	吉祥寺（省）發	… 4 55	11 50 0 30
0.6	5	井之頭公園〃	… 4 56	11 51 0 31
6.7	11	永 福 町〃	4 25 5 11	0 05 0 45
9.2	17	代田二丁目〃	4 31 5 16	0 11 …
10.3	19	池 之 上〃	4 33 5 18	0 14 …
12.8	20	澁 谷著	4 59 5 25	0 20 …

日曜祭日ハ吉祥寺・永福町間10分永福町・澁谷間5分間隔運轉

小田原急行鐵道帝都線（昭和15年）

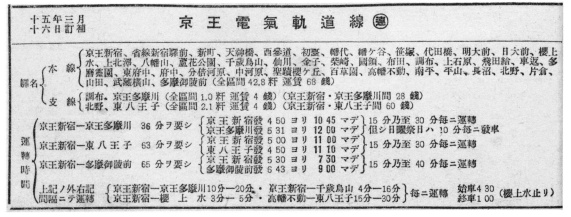

京王電氣軌道線 （電）

十五年三月十六日訂補

驛名		
本線	京王新宿、省線新宿驛前、新町、天神橋、西參道、初臺、幡代、幡ヶ谷、笹塚、代田橋、明大前、日六前、櫻上水、上北澤、蘆花公園、千歳烏山、仙川、金子、柴崎、國領、布田、調布、上石原、飛田給、車返、多磨靈園、東府中、府中、分倍河原、中河原、聖蹟櫻ヶ丘、百草園、高幡不動、南平、平山、長沼、北野、片倉、山田、武藏横山、多磨御陵前（全區間 42.8粁 運賃 63 錢）		
支線	調布・京王多麾川（全區間 1.0粁 運賃 4 錢）（京王新宿・京王多麾川間 28 錢）北野・東八王子（全區間 2.1粁 運賃 6 錢）（京王新宿・東八王子間 60 錢）		

運轉時間	京王新宿―京王多麾川 36 分ヲ要シ	京王新宿發 4 50 ヨリ 10 45 マデ 京王多麾川發 5 31 ヨリ 12 00 マデ	15 分乃至 30 分毎ニ運轉 但シ日曜祭日ハ 10 分毎ニ發車
	京王新宿―東八王子 63 分ヲ要シ	京王新宿發 5 00 ヨリ 11 00 マデ 東八王子發 5 30 ヨリ 11 10 マデ	15 分乃至 30 分毎ニ運轉
	京王新宿―多麾御陵前 65 分ヲ要シ	京王新宿發 5 30 ヨリ 7 30 マデ 多麾御陵前發 6 43 ヨリ 9 00 マデ	15 分乃至 40 分毎ニ運轉
	上記ノ外右記間隔ニテ運轉	京王新宿―京王多麾川10分―20分・京王新宿―千歳烏山 4分―16分 京王新宿―櫻上水 3分― 5分・高幡不動―東八王子15分―30分	毎ニ運轉 始車 4 30 終車 1 00 （櫻上水止リ）

京王電気軌道（昭和15年）

第1章
京王帝都電鉄各線

京王帝都電鉄沿線をヒギンズさんの写真から紹介。

京王線

京王新線

競馬場線

多摩動物公園線

高尾線

相模原線

井の頭線

【乗入先】東京都交通局新宿線

京王線

路線DATA

起点：新宿	
終点：京王八王子	
駅数：34駅	
開業：1913（大正2）年4月15日	
全通：1925（大正14）年3月24日	
路線距離：37.9km	

1916(大正5)年に京王電気軌道が新宿追分〜府中間を全通、社名に「軌道」とあるように一部区間は甲州街道上に敷かれた路面電車だった。

　府中駅〜東八王子(現・京王八王子)駅間は関連会社の玉南電気鉄道が開業、地方鉄道補助法の助成金が下りる軌間1067mmの鉄道線としての建設だったが京王電軌の延長線とみなされ助成金は得ら

れなかったため、京王電軌と直通できるように軌間1372mmに改軌、のちに京王電気軌道に合併され東八王子駅までの直通運転を開始している。

　1944(昭和19)年に陸上交通事業調整法により東京急行電鉄に合併、1948(昭和23)年の大東急分割で京王帝都電鉄の京王線となる。

新宿駅南側の国鉄跨線橋手前で甲州街道上から左に曲がり、新宿駅西側に乗り入れる。京王電気軌道時代は直進して跨線橋を越え、四谷新宿駅へ線路が延びていたが、戦時中に変電所が被害を受けたことにより跨線橋の勾配が上れなくなった。そのため、東急東横線の新宿駅乗り入れ目的で用意してあった西口側の土地に駅を移転した。現在は甲州街道の地下を京王新線が通り、四谷新宿駅付近に都営地下鉄新宿線の新宿三丁目駅が出来た。
◎新宿〜初台　1960(昭和35)年1月11日

甲州街道上を走る区間の踏切
は、警報機もなかったようだ。
電車はデハ2700形（2716）で、
このころの2700系はデハ－ク
ハ＋クハ－デハの４両編成で
運転され、京王線の主力電車
だった。
◎新宿〜初台
1960（昭和35）年１月11日

この付近は開業時から甲州街道上に線路が敷かれていた。1953（昭和28）年に分離帯を設置して専用軌道化されていたが、甲州街道の拡幅や安全上の問題もあり、1963（昭和38）年に別線地下化されることになる。電車は1931（昭和6）年の御陵線開業を控え、1929（昭和4）年に雨宮製作所で製造された京王電軌150形154号。定員制急行列車用であったためクロスシートを装備していたが、1938（昭和13）年にロングシート化、1940（昭和15）年に3扉化されている。
◎新宿～初台　1956（昭和31）年7月28日

新宿駅から甲州街道の中央に出てきたところ。電車はデハ2700形（2708）で、1953（昭和28）年末に製造された２次車。ダークグリーンで登場している。◎新宿～初台　1956（昭和31）年７月28日

左に見える東京ガスのガスタンクがある場所には、現在、パークハイアット東京（ホテル）が建っている。場所は西参道の踏切付近で、戦前は西側に西参道駅（開業時は代々木駅、のちに神宮裏→西参道と改称）があった。ここで玉川上水を渡るためR90のS字カーブがあったが、戦後登場した大型車両である2600系は通れなかったので、曲線緩和工事が行われた。

新宿駅の地下化に向けた工事が始まっている。電車はデハ2066－サハ2506－サハ2556－デハ2016の編成で、デハ2066・
2016は1961（昭和36）年に入線した2010系2次車、ダブルルーフの中間車は昭和初期に製造された京王電軌110形・150形。
2700系の改造車に置き換えられるまでの5年間ほどは混用編成が見られた。◎新宿～初台　1963（昭和38）年1月1日

初台駅の東側で、線路の南側を流れるのは玉川上水。電車はデハ2400形（2409）で、1940（昭和15）年製造の京王電軌400形。昇圧後はクハ232に改造された。◎新宿〜初台　1958（昭和33）年9月7日

初台駅の東側、前のページから4年後の同地点。バスが見える通りが山手通り。初台までの地下化は山手通りの踏切除去
目的でもあった。玉川上水の脇に柱を立て、仮線を設けることで当時の地上路線を地下線化した。電車は「2706−2753−
2752−2705」とのメモ書きがフィルムのマウントに残されている。1962（昭和37）年に組み替えた2700系1次車による4両
編成で、昇圧に向けシールドビーム化・パンタグラフの移設が行われている。◎新宿〜初台　1962（昭和37）年12月29日

初台駅の新宿方で、電車の後ろに初台駅が見える。戦前の新町駅から代々幡駅までの区間は、新上水への通水で流量が減った玉川上水に沿って線路が敷かれている。電車は1953（昭和28）年製造のデハ2700形（2701）で、京王で初めて非貫通2枚窓を採用。このころは登場時と同じ3両編成だった。◎新宿～初台　1958（昭和33）年9月7日

初台駅の西側で、奥にホームが見える。地下化工事が進んでいるが、工事現場と側道の間に当時はフェンスなしで工事が進められたようだ。電車はデハ2060形（2062）を先頭にした混用編成。◎初台〜幡ヶ谷　1962（昭和37）年12月29日

初台駅の西側での撮影。玉川上水上の仮線スペースは、仮受けができて線路を敷けるようになっている。電車の後端あたりで地下に潜る線が建設される。初台駅はこの工事で地下化されるが、笹塚駅までの区間が地下化されるのは京王新線ができたよりあと1983（昭和58）年のこと。電車はデハ2019、中間の付随車は京王電軌300形、1962（昭和37）年8月に増備されたデハ2022が入る編成までは14m級在来旧車を改造した車が組み込まれた。
◎初台〜幡ヶ谷　1963（昭和38）年2月3日

左奥の道が甲州街道であり、初台駅の西方で甲州街道の脇に出たところ。開業時はこの付近にあった幡代小学校前駅と
代々幡駅間は甲州街道上を走っていた。右側が玉川上水の水路、1936（昭和11）年に玉川上水脇の専用軌道に移転した。
電車はデハ2000形（2051）、2両目は元・京王電軌110形のサハ2531で、この年に登場した1両だけ在来旧車を組み込ん
だ混用編成。◎初台〜笹塚　1961（昭和36）年12月9日

笹塚駅は地平時代から待避線を持ち、緩急接続が行われていた。フィルムのマウントの記載に「午前7時40分」とあり、朝のラッシュ風景だ。急行電車は1953（昭和28）年から製造の2700系で、京王で初めて非貫通2枚窓が採用されている。
◎笹塚　1960（昭和35）年8月

甲州街道が玉川上水を渡る橋が代田橋で駅名の由来、線路左手は東京都水道局の和田堀給水所。上部に高圧電線を通す
架線柱は上部が撤去されたものの、現在でも一部で架線柱として利用された。戦前はこの送電線が沿線への配電事業で
使われ、大きな収益を上げていた。電車は2700系と2600系の併結4両編成で、昇圧前の一時期に見られた編成。
◎代田橋〜明大前　1960（昭和35）年2月

電車は1976（昭和51）年に高尾山口と京王八王子への特急分割（高幡不動で切り離し）運用にむけ、3両＋5両の8両編成とするために新製されたデハ6000系（6453）。基本5両編成と付属編成の中間車は1972（昭和47）年新製の6000系1次車で、抵抗制御と界磁チョッパ制御の混結編成となっている。当初、付属編成は京王八王子方に連結され、先頭にパンタグラフが付いた付属編成のデハ6450形は中間に組み込まれたが、1977（昭和52）年の特急分割運用開始前に付属編成が京王八王子方になり、前パンタの颯爽とした姿になった。◎明大前　1979（昭和54）年10月14日

明大前駅の西方、むかし松原駅があっ
た付近。電車はデニ200形（201）で、
1953（昭和28）年に荷物電車として新
製された。昇圧に際し、井の頭線で
発生した電装品に換装している。京
王線の荷物輸送は1972（昭和47）年ま
で桜上水〜高尾山口間で新聞輸送が
続けられたが、このころは新宿方で
も荷物輸送があったようだ。
◎明大前〜下高井戸
1965（昭和40）年2月13日

踏切が菅原天神通りで、写真の奥に下高井戸駅と富士山が見えている。5000系電車は新宿駅の地下化と昇圧に合わせ、京王線の新しい顔として登場した。5070形は2両編成の増結車で、第12編成までの電装品は2000・2010系に組み込まれていた14m級在来旧車置き換えに2700系を転用した際に発生したものを使用している。写真は増結車2本連結の4両編成による特急新宿行き。特急がすべて6両化されるのはこの年の秋であった。
◎明大前〜下高井戸　1964（昭和39）年3月21日

下高井戸駅新宿方のカーブは現在も変わっていないが、下高井戸駅は踏切の関係で新宿方しかホームの延長ができず、現在では写真の踏切の先までホームが延長されている。電車はデハ2010系（2056）で、昇圧後MMユニットの間に旧型車両の付随車を挟んだ3両編成の頃。◎下高井戸付近　1964（昭和39）年11月14日

1972（昭和47）年に登場した6000系は、相模原線の延伸や都営新宿線乗り入れのために20m級4扉車に大型化され、今までの7両編成の収容力を6両編成で確保し製作費を抑えた。1次車は抵抗制御6両編成で登場し、急行や快速運用で使われた。◎下高井戸　1973（昭和48）年5月13日

桜上水駅は、京王電軌の開業当時笹塚にあった車庫が当地に移転した1926（大正15）年に開業し、駅名も「北沢車庫前」だった。1937（昭和12）年に駅の北側を流れる玉川上水の桜並木から「桜上水」に変更。このころから沿線の宅地開発が始まる。写真の急行電車はデハ2700系（2724）の4次車であるデハ2724で、Hゴム支持の上段窓がよくわかる。競走馬の蹄鉄をデザインした行先板の府中競馬正門前からの新宿行き「競馬急行」が、各駅停車を追い抜く。
◎桜上水
1957（昭和32）年9月7日

京王電気軌道時代からの桜上水検車区・工場。ドームの上屋の奥には車両工場も併設されていた。ホーム上屋のある位置が昔からのホームで、その先、ホーム端が異なるのは、電車の編成長が延びるたびにホームを延ばしていった証である。
◎桜上水
1958（昭和33）年9月27日

車庫で憩うのは2700系・2010系とデハ1700形（1706）。井の頭線からの転属車であるデハ1706は、3000系の登場で京王線にやってきた。1700形は本来東急で3550形として登場するはずであったが、戦災で大きな被害を受けた井の頭線に転用された。当時、東横線の改軌の計画があり長軸台車を用いていたので、京王線への転用に役立ったと言われる。このころの2700系・2010系の一部は優等運用に就くためアイボリー塗装となっていた。
◎桜上水
1966（昭和41）年12月24日

つつじヶ丘駅に待避線ができる前は千歳烏山駅に待避線があり、折り返し電車もあった。踏切脇の小屋があるあたりの用地が広がっているのが当時の名残り。電車はクハ5000系（5760）、1966（昭和41）年の増備編成。4両編成の特急が新宿へ向かう。
◎千歳烏山
1966（昭和41）年12月24日

つつじヶ丘駅は京王電軌の開業当時は金子駅の名で、甲州街道上にある併用軌道の停留場だった。1927（昭和２）年に専用軌道となり現在地へ移転。1957（昭和32）年に待避線を設置し、同時期につつじヶ丘に改称された。甲州街道の北側で行われた宅地開発に合わせてのことだった。電車はデハ2705で、昇圧後は2600系と組んで５両編成で運用された。2700系は昇圧後に2000・2010系に組み込まれた14m級在来車の置き換えに約半数が転用された。「６」の停車目標は前年10月から始まった5000系６両運転に対応したもの。◎つつじヶ丘　1964（昭和39）年２月25日

調布駅の新宿方の雪景色。調布駅は1953（昭和28）年12月に新宿方に500m移転し、多摩川線に3両編成の2600・2700系が入線できるようにした。手前の出発信号機は下り待避線からの折り返し電車用で、その手前に一般道の踏切があった。
◎調布　1963（昭和38）年3月13日

西武鉄道多摩川線との交差地点で、ちょうど両社の電車が交差する。左に見える腕木信号機が北多磨駅（現・白糸台駅）の場内信号機で、京王線を西側から眺めている。あとから開業した多摩川線は是政に向かって河岸段丘を下る途中になるので、京王線をアンダークロスする。京王線の電車は2010系の1次車、西武線の電車は旧・西武鉄道のモハ550形。
◎武蔵野台～多磨霊園　1960（昭和35）年8月17日

多磨霊園駅の東側で、架線柱が込み合っている場所が西武鉄道多摩川線との交差地点。京王線が乗り越しのために築堤になっているのがわかる。電車は2010系の１次車で、昇圧に備え在来旧車を付随車にした車両を挟んだ４両編成。
◎武蔵野台〜多磨霊園　1962（昭和37）年10月31日

多磨霊園駅は新宿方の踏切に接して駅舎があり、上下線のホーム一体となった上屋が特徴であった。すでに16m級4両対応のホームに延長されているが、編成両数の増加により信号の先の架線柱の向こうまで延長されることになる。2600系は1950（昭和25）年に登場した京王帝都電鉄発足後の初の新車。◎多磨霊園　1957（昭和32）年2月3日

東府中駅は競馬場線からの乗り換え客を考慮して、広いホーム幅が確保されていた。右側の下りホームの反対側が、線内折り返し用のホーム。電車はデハ2010系（2061）で、昇圧に備え付随車化した在来中型車を組み込んだ4両編成となった。◎東府中　1960（昭和35）年1月18日

東府中駅西側の踏切で、直線側の京王線から分岐してカーブするのが競馬場線。電車が走る線は線内折り返し電車用の
ホームにつながっている。踏切の道路が競馬場通りで、左へ進むと競馬場へ行くことができる。2010系は新宿付近の併
用軌道から京王線に搬入されたが、5000系の1次車はこの踏切から搬入されていた。2次増備車からは高幡不動駅付近
に変更されている。写真の電車はクハ220形（231）。昇圧改造された在来旧車のうちの1両・旧デハ2130で、1933（昭和8）

年製の京王電軌125形。制御車化された当初はパンタグラフを持っていたのでパンタ台が残っている。グリーン塗装だったが、多摩動物公園線用の第2陣が登場したときにアイボリー塗装に変更されている。
◎東府中　1964（昭和39）年5月26日

京王新線

　「京王新線」は通称で、京王線の増線部分。笹塚と新宿の間は甲州街道地下を進む。新宿駅は都営新宿線乗り入れのため、従来の京王線新宿駅から離れた新宿駅南口に設けられている。在来線とは離れた存在となったため、案内上も京王新線、新線新宿駅と呼ばれている。

京王新線の開業は1978（昭和53）年10月31日。都営地下鉄との直通運転は1980（昭和55）年3月16日からで、6000系は相模原線と将来の都営新宿線乗り入れ用として1972（昭和47）年から製造された。そのため京王線専用編成と新宿線乗り入れ対応編成がある。写真のクハ6789は1978（昭和53）年にクハ6769として製造され、新宿線乗り入れ改造対応のために各編成に組み込まれて使用されたのち、1979（昭和54）年に中間車を増備して8両編成化され、クハ6789に改番されている。笹塚駅の新宿方は中間2線が京王新線で、勾配を下り地下に潜っていく。乗り入れ開始当時は岩本町駅から先の東大島駅までの区間は6両編成対応だったので都営車で運用し、8両編成の京王帝都からの乗り入れ車は岩本町駅止まりだった。◎笹塚　1980（昭和55）年5月16日

写真の電車は1978（昭和53）年の岩本町～東大島間の開業時に用意された東京都交通局10-000形の1次車10-089。相互乗り入れ開始当時は6両編成だったので、東大島～笹塚間の運用に用いられていた。
◎笹塚
1980（昭和55）年5月16日

けいばじょうせん

競馬場線

路線DATA

起点：東府中

終点：府中競馬正門前

駅数：2駅

全通：1955（昭和30）年4月29日

路線距離：0.9km

1933（昭和8）年に目黒から府中に移転した東京競馬場への連絡駅として、1935（昭和10）年に臨時競馬場前駅が現在の東府中駅の位置に開業。1940（昭和15）年に500mほど府中方にあった旧・東府中駅と統合して現在の東府中駅となる。このころまで

に、競馬場正門前までとの間に競馬場通りができている。戦後はこの駅から東京競馬場へバス連絡をしていたが、より正門に近い位置に駅を設けるため、1955（昭和30）年に競馬場線が開業した。

左側の道路が旧・甲州街道。東府中駅を出ると急カーブで京王線と分かれ、府中競馬正門前駅に向かう。「20」の標識はカーブ上に設置された渡り線の制限速度。競馬場線内の折り返し列車が使用する。電車は1940（昭和15）年に製造された京王電気軌道の400形で、大東急時代に京王線は2000番台とされデハ2400形（2405）となる。競馬のない日は利用客も少なく、電車も1両のみだった。後ろに写るバスは民生コンドル。富士重工業と共同開発した初期のリアエンジンバスで、モノコックボディを持つ。◎東府中　1958（昭和33）年6月

この踏切は武蔵国府八幡宮東
側の道路で、奥に東府中駅への
カーブが見える。警報機がない
踏切だが、この日は競馬開催日
のため踏切番の姿が見える。電
車はデハ2000系（2053）で、1957
（昭和32）年冬の営業開始から
1961（昭和36）年に在来旧車を
挟んで4連化されるまでは2両
編成で運用されていた。
◎東府中〜府中競馬正門前
1958（昭和33）年9月7日

多摩動物公園線

路線DATA

起点：高幡不動

終点：多摩動物公園

駅数：2駅

全通：1964（昭和39）年4月29日

路線距離：2.0km

　1958（昭和33）年に七尾村（現・日野市）と京王帝都電鉄が誘致し、京土帝都電鉄が土地代と建設費の全額を負担して東京都に寄付する形で開園した東京都立多摩動物公園。同園へのアクセス路線として1963（昭和38）年9月に着工し、約8ヶ月という突貫工事で1964（昭和39）年に開業。30‰超の急勾配が連続し、半径160～200mの急曲線はさながら山岳路線の様相である。

開業日当日の多摩動物公園駅。陽の当たり具合から午後の撮影であろうか、電車に向かう人が多い。路線図には国鉄山手線や小田急線も含まれ、連絡運輸が行われている。窓口の一番右は自動券売機。
◎多摩動物公園　1964（昭和39）年4月29日

多摩動物公園線は複線分の用地が確保されていたが、単線で開業している。1963（昭和38）年9月に着工し、約8ヵ月の突貫工事だったので、開業日に工事資材が残されたままだし、背後の人物も工事関係者のようである。電車は2010系と5070系の6両編成快速新宿行き。この当時の5000系は4両編成と2両編成が各6本。そのためアイボリー塗装になった2700系や2010系と組んで運用された。◎多摩動物公園　1964（昭和39）年4月29日

高尾線

路線DATA

起点：北野

終点：高尾山口

駅数：7駅

全通：1967（昭和42）年10月1日

路線距離：8.6km

　1931（昭和6）年、大正天皇が埋葬された多摩御陵への参拝者の移動手段として、北野〜御陵前間の御陵線が開業したのが高尾線の起源。1945（昭和20）年、国鉄線と並行していた御陵線は戦時中の不要不急路線として休止される。1955（昭和30）年代に入ると、沿線の宅地開発に休止中の御陵線沿線の八王子市街地南側の丘陵地が注目され、1967（昭和42）年に北野〜山田間を復活、その先、観光地である高尾山口までの路線を開業し、同時期に京王めじろ台住宅地の宅地分譲を開始している。

高尾駅から先の区間は山間を単線で建設。右手へ進むと高尾第二トンネルがあり、その先の鉄橋を渡ると終点の高尾山口駅。電車は1966（昭和41）年製造のクハ5780を1967（昭和42）年に改番したクハ5860。
◎高尾〜高尾山口　1970（昭和45）年4月24日

甲州街道と案内川を越える鉄橋を渡り、終点の高尾山口駅に急行が到着。電車は1964（昭和39）年の多摩動物公園線開
通前に入線した5000系の第2陣であるクハ5706編成。◎高尾山口　1970（昭和45）年4月24日

相模原線

多摩川支線は戦前から複線化され、新宿から直通電車も運転されていた。延伸前の京王多摩川駅は現在の駅より調布寄りで、桜堤通りの北側に位置していた。昇圧前の旧型車両は4連や5連を組んで運用されていた。それらの編成の多くは昇圧時に廃車されたが、写真のデハ2410は昇圧改造を受けてデハ222に改造されている。
◎京王多摩川　1962（昭和37）年5月6日

路線DATA	
起点：調布	
終点：橋本	
駅数：12駅	
開業：1916（大正5）年6月1日	
全通：1990（平成2）年3月30日	
路線距離：22.6km	

相模原線は1916（大正5）年に砂利輸送を目的として調布-多摩川原を開業した多摩川支線に始まる。

　1927（昭和2）年に京王電軌の沿線行楽地開発によって京王閣が開業しレジャー輸送も開始している。

　戦後京王線南側の丘陵地帯開発と相模原方面への路線計画の話が持ち上がると多摩川支線を延伸する計画が浮上する。

　1965（昭和40）年多摩ニュータウン事業が都市計画され、その後紆余曲折あったが1971（昭和46）年に京王多摩川〜京王よみうりランド駅間が開業し相模原線と改称。

　1974（昭和49）年に京王多摩センターまで延伸している。

　1963（昭和38）年に免許を申請した際は多摩ニュータウン区域を東西に横断したのち橋本へ出て津久井湖南側の相模中野まで至るルートだった。

　当時はさらにその先、富士山麓の河口湖まで延伸し、新宿から160km/hでの高速運転を目指していたという。

紆余曲折があった多摩ニュータウンへの新線だったが、永山から多摩センターは小田急線と並走で建設。1974（昭和49）年10月18日に京王線、1975（昭和50）年4月23日に小田急線が開通している。写真は1968（昭和43）年に入線した試作冷房車（クハ5871）が京王多摩センター駅に到着するところ。この車両は1979（昭和54）年に事故に遭い、5000系で最初の廃車になってしまった。◎京王多摩センター　1975（昭和50）年5月11日

井の頭線

井の頭線は通勤で使われていたヒギンズさん。渋谷駅は日常の風景だったのかもしれない。

路線DATA

起点：渋谷	
終点：吉祥寺	
駅数：17駅	
開業：1933（昭和8）年8月1日	
全通：1934（昭和9）年4月1日	
路線距離：12.7km	

井の頭線は小田原急行鉄道の傍系だった帝都電鉄が開業。1940（昭和15）年に経営合理化のため小田原急行鉄道に合併。翌1941（昭和16）年に親会社の鬼怒川水力電気に合併。しかし国策で発送電事業は日本発送電に譲渡して鉄道部門は小田急電鉄となる。1942（昭和17）年、東京横浜電鉄が小田急電鉄と京浜電気鉄道を合併して東京急行電鉄が発足し、新宿営業局の所属となる。戦後の1948（昭和23）年の大東急分割時に経営基盤の弱かった京王線と統合され、京王帝都電鉄井の頭線となる。そのため都電と乗り入れを考慮した1372mm軌間・架線電圧600Ｖの京王線に対して、小田急線と同じ1067mm軌間・架線電圧1500Ｖとなっている。京王線の車両が14m級の中型車だったのに対し、井の頭線には17メートル級の郊外電車が用意された。◎渋谷駅　1960（昭和35）年8月

渋谷は高架駅だがすぐに円山町の下をくぐる渋谷隧道に入る。左側は東急玉川線で、道玄坂の上から急勾配を下って渋谷駅の2階に。現在は渋谷マークシティが建設され駅から空は見えない。電車は1952（昭和27）年に東急横浜製作所で戦災復旧車の更新名義で生まれたデハ1801。クハ1570形と同型だが、張り上げ屋根となった。
◎渋谷　1959（昭和34）年4月24日

東大前駅西側の踏切、駅は島式ホームを持つので線路間が広がっている。東大前駅は1965（昭和40）年に駒場駅と統合され駒場東大前駅になり、100mほど西に移転している。電車は吉祥寺方からデハ1006＋デハ1003－デハ1053の3両編成による渋谷行き。◎神泉〜東大前　1959（昭和34）年4月24日

背景は東京大学駒場キャンパス1号館。1965（昭和40）年に駒場駅と東大前駅が統合され、ガードの向こう側に駅が建設された。電車の車番は読めないが、帝都電鉄の車両を戦後更新したクハ1570形。
◎東大前〜駒場　1959（昭和34）年4月24日

駒場駅ホームの渋谷方から。1900形の
編成が渋谷に向かう。この1900形は従
来からの電車と組んで使われた。写真
の左手奥は東京大学駒場キャンパス。
◎駒場　1959（昭和34）年4月24日

上の写真の撮影から6年後。駒場駅と
東大前駅間は約400mと近かったため、
1965（昭和40）年に統合されて駒場東大
前駅となった。電車はクハ3706。正面
色はブルーグリーン・アイボリー・サー
モンピンク・ライトグリーン・バイオ
レット・ベージュ・ライトブルーの順
で7色あり、車両番号の下二桁を7で
割った余りに順番に対応している。
◎駒場　1965（昭和40）年1月15日

下北沢は小田急電鉄との接続駅。井の頭線は築堤で小田急線を乗り越し、電車の左側に連絡の跨線橋が見える。電車は
デハ1004＋デハ1001－デハ1051の編成。本来MMユニット設計の1000系は、当時３両編成だった井の頭線では片Mを増
結した変則編成で使われていた。◎下北沢　1958（昭和33）年12月20日

東松原駅の西方、現在の東松原2号踏切での撮影だが、奥の踏切はなくなった。先頭はデハ1909。井の頭線は1961（昭和36）年に4両編成化されている。◎東松原〜明大前　1964（昭和39）年11月14日

電車の奥の方に明大前駅が見える。住宅街なので右の煙突は銭湯だろうか。電車は元々は1950（昭和25）年に日本車輌支店でつくられたデハ1760形1761で、1964（昭和39）年に行われた京王線の昇圧に際して、電装品を譲ったために制御車化され、更新で同型の車体を持つクハ1250形に1258として編入された。◎東松原〜明大前　1964（昭和39）年11月14日

電車の後方が京王線の明大前駅。帝都電鉄の明大前駅は1933（昭和8）年に西松原駅として開業。当時の京王線は300m
ほど西に松原駅があり、交差地点には駅がなかった。1935（昭和10）年に明治大学の和泉キャンパスが開設されるにあ
たり、松原駅を交差地点に移転して西松原駅と統合し、「明大前」に改称した。帝都電鉄は松原村の谷地に敷かれ、京
王線との立体交差部分は計画されていた東京山手急行電鉄（大井町駅を起点に小田急線梅ヶ丘駅から国鉄中野駅方面

に、終点の駒込駅へ延伸予定）の未成部分を含め、4線分のスペースがある。東京山手急行電鉄はこの付近で帝都電鉄の線路と並行する計画だった。電車は1963（昭和38）年製造の3000系第3編成。この編成から車体幅が広がって両開きドアになる。◎東松原〜明大前　1964（昭和39）年11月14日

高井戸駅付近は大東京道路網計画があり、それを越えるため築堤が築かれて駅が設けられた。電車のガード下が後に環状8号線になる計画道路だが、この付近の道路供用開始は1972（昭和47）年。道路工事にあわせ高井戸駅は現在の高架駅に改築されている。電車はデハ1900形で、1953（昭和28）年の日立製作所製。京王線の2700系を井の頭線仕様にしたもので、当時流行の2枚窓スタイル。高井戸駅を出た渋谷行きは築堤を下り、神田川沿いに降りて今度は浜田山に向かって上っていく。◎高井戸　1964（昭和39）年8月2日

吉祥寺方も築堤を上って駅に着く。ホーム部分は神田川沿いの台地の端にあたる。電車はステンプラカーの愛称がある京王の3000系（クハ3751）で、1次車は幅が狭く片開きドア。1963（昭和38）年の鉄道友の会ローレル賞を受賞した。
◎高井戸　1965（昭和40）年2月15日

長編成化や車両数の増大により、永福町にあった井の頭線の車庫を富士見ヶ丘に移設する工事が始まったころ。地名とは裏腹に、車庫は神田川沿いの低湿土を埋めてつくられた。地名は高井戸村大字久我山で、富士見ヶ丘は駅名として初めて名前が出ている。電車はデハ1903、1953（昭和28）年に京王線の2700系を井の頭線仕様にした1900形だが、日本車輌・東急車輛製の2700系とは異なり、日立製作所製となっている。◎富士見ヶ丘　1964（昭和39）年４月２日

井の頭線は井の頭恩賜公園の東端で神田川を渡り吉祥寺に向かう。現在は樹木が成長して鉄橋全体を眺めることはできないが、橋自体は変わっていない。公園は苗木を植えて整備中に見えるが、戦時中の資材不足で公園内の杉が拠出されているので、その復旧かもしれない。電車は1800形で、３両編成時代は張り上げ屋根が揃った編成だった。
◎井の頭公園〜吉祥寺　1957（昭和32）年３月27日

背後は井の頭恩賜公園で、井の頭線は神田川の河岸段丘を上り高架の吉祥寺駅に向かう。高架になったのは街の分断を恐れた地元と、駅手前の井の頭通りの水道道路を乗り越す関係、そして将来中央線を乗り越し東村山方面への延伸を考えてのことだった。電車は1900形の2次車。このころに深緑色からライトグリーンに塗り替えられ、混色編成も見られたころ。◎井の頭公園〜吉祥寺　1957（昭和32）年3月27日

【乗入先】東京都交通局新宿線

当初京王線と東京の地下鉄との乗り入れは、1962（昭和37）年の都市交通審議会答申第6号において答申された第9号線「芦花公園方面 - 方南町 - 新宿 - 春日町 - 厩橋 - 深川及び月島の各方面を経て麻布方面に至る路線」（現在の大江戸線の原型）において芦花公園駅で京王線に乗り入れる計画だったが、京王

バスの主力エリアを通過するため京王がこの計画に反発し、1964（昭和39）年に新宿駅までを複々線化する計画に変更された。

1968（昭和43）年の都市交通審議会答申第10号において第10号線「芦花公園方面より新宿及び靖国通りの各方面を経由し市ヶ谷〜神保町〜須田町及び浜

町の各方面を経て住吉町方面へ至る路線」が答申され京王線は第10号線への乗入れに変更された。

　この答申をうけ都市計画第10号線（東京都市高速鉄道第10号線）として、新宿〜住吉町間が正式に都市計画を決定後に都市計画は調布-東大島延長、さらに1972（昭和47）年の都市交通審議会答申第15号で「橋本〜多摩ニュータウン中央〜調布・東大島〜篠崎町〜本八幡〜柏井〜鎌ヶ谷市北部〜千葉ニュータウン小室地区〜千葉ニュータウン印旛地区間」がそ

れぞれ追加され、橋本駅-京王多摩川駅間と笹塚駅〜新宿駅（京王新線）の間が京王帝都電鉄により開業。

　都営新宿線としては1978（昭和53）年に岩本町駅〜東大島駅が開業。1980（昭和55）年に新宿駅〜岩本町駅が開業し京王線と相互乗り入れが開始。その後1983（昭和58）年に船堀駅へ、1986（昭和61）年に篠崎駅、1989（平成元）年に本八幡駅まで開業。

　その先の千葉県内は千葉ニュータウンの規模縮小を受け凍結、計画破棄されている。

新宿線の営業区間がまだ東大島駅〜岩本町駅間だったころ。◎馬喰横山　1979（昭和54）年4月8日

相互乗り入れ開始時、先行開業区間の東大島駅〜岩本町駅間は6両編成対応だったので、京王車は京王線内から岩本町駅まで、都交車は笹塚駅から東大島駅で運転された。10-010編成は1971（昭和46）年に製造された先行試作車で、三田線で各種試験が行われたのち、新宿線開業前に量産化改造および6両編成化された。量産車とは先頭車の顔つきが異なる。
◎笹塚　1980（昭和55）年5月16日

京王線・井の頭線の切符あれこれ

仙 川 から
京王線内 **10** 円区間ゆき
2等　通用発売当日限り　下車前途無効
40-5-21

（東京急行電鉄）
祐天寺 ↔ 池ノ上
渋谷 経由
通用発売当日限り **20** 円2等
下車前途無効
祐天寺駅発行
渋経谷・祐天寺→池ノ上
39-3-10　小

笹　塚 → **5** 円区間
3等　通用発売当日限り　下車前途無効
幡ケ谷駅発行
43-5-11

（京王帝都電鉄）
新　宿 → **10** 円区間
3等　通用発売当日限り　下車前途無効
新宿駅発行
43-12-29

新　宿 から
京王帝都線内 **20** 円区間ゆき
通用発売当日限り　下車前途無効
38-9-28

笹　塚 から
京王・井の頭線内 **10** 円区間ゆき
2等　通用発売当日限り　下車前途無効
40-3-16

国 立 ↔ 久我山
吉祥寺経由
通用発売当日限り **50** 円2等
下車前途無効
国立駅発行
国立↕久我山　小
29-7-19

（京王帝都電鉄）
京王八王子 から **140** 円区間ゆき
2等　京王八王子発行
41-3-22

吉祥寺 ↔ 武蔵小杉
井の頭線・渋谷 経由
通用発売当日限り **50** 円2等
下車前途無効
吉祥寺駅発行
井渋経由武蔵小杉・吉祥寺→
6-11-20

（帝都高速度交通営団）
日本橋 ↔ 吉祥寺
渋谷経由
通用発売当日限り **70** 円2等
下車前途無効
日本橋駅発行
日本橋↕渋経由吉祥寺　小
41-3-22

浜田山 ↔ 三 鷹
吉祥寺 経由
通用発売当日限り **30** 円2等
下車前途無効
浜田山駅発行
吉経由浜田山↕三鷹
39-3-11

（小田急電鉄）
向ケ丘遊園 ↔ 吉祥寺
下北沢経由
通用発売当日限り **70** 円2等
下車前途無効
向ケ丘遊園駅発行
下経由向ケ丘遊園↕吉祥寺　小
41-6-4

代田二丁目 → 吉祥寺
通用発売当日限り　下車前途無効
3等　　**30** 円
代田二丁目駅発行
代田二丁目→吉祥寺　小
35-7-30

（京王帝都電鉄）
三鷹台 から **20** 円区間ゆき
2等　三鷹台駅発行
43-4-17

多磨霊園 から
京王線内 **20** 円区間ゆき
2等　通用発売当日限り　下車前途無効
39-12-23

（京王）
仙 川 → **150**
通用発売当日限り　下車前途無効　仙川 300
53-3-28

（京王帝都電鉄）Ⓐ①
府 中 から **30** 円区間 ゆき
発売当日限り有効　下車前途無効
48-5-0
6421

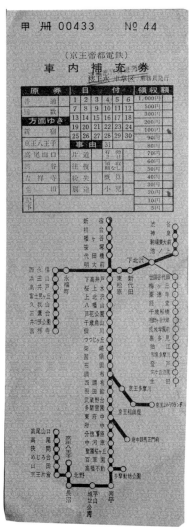

第2章

京王帝都電鉄の電車

京王帝都電鉄は京王電気軌道発祥の京王線と、帝都電鉄発祥の
井の頭線と生まれが違う会社が東京急行電鉄からの独立時に
一緒になったため規格が異なり、両線の車両の交流はほとんど無い。
ヒギンズさんの写真から京王帝都電鉄の電車を紹介。

京王線の電車
井の頭線の電車

京王線の電車

　京王線電車の特徴は、都電と同じ軌間1372mmを採用していること。

　都電に直通することを考慮したためだが、戦前の電車は併用軌道を専用軌道に改めたものの14メートル級の中型車で揃えられていた。

　戦時中に東急に合併されると京王線の車番は2000番台とされ、現車号に2000が加えられる。

　京王線も戦災の被害は大きかったが、規格の違いから他線区からの応援は難しく戦災車を復旧させて使用。

　戦後2600系、2700系、2000系、2010系と新車が入る中、在来車を付随車化して中間に取り込み製造費を圧縮させてたのも特徴。

　その後5000系で車体を塗装を一新しイメージチェンジを図り、さらに大型車の6000系と進化していく。

　また一時期、井の頭線3000系の投入で、井の頭線在来車が京王線へ転属している。

デハ2402は京王電気軌道の400形（402）。1940（昭和15）年の製造で、京王電軌で初の3扉車。当初はクハだったが、1942（昭和17）年に電装されている。
◎新宿〜初台
1956（昭和31）年7月28日

デハ2156は京王電気軌道の150形（156）。御陵線の開業を控えた1929（昭和4）年に雨宮製作所でつくられた。定員制急
行列車用に用いるためにクロスシートを装備していたが、1938（昭和13）年にロングシート化、1940（昭和15）年に3扉化
されている。まだ路面からの乗降があった時代の電車なので、扉は切り上げているが、ステップの張り出しが残っている。
◎新宿〜初台　1958（昭和33）年9月7日

サハ2551は、玉南電気鉄道がつくった無蓋電動貨車が、1939（昭和14）年に梅鉢鉄工所で14m級3扉の車体を新製してデハ502となったもの。東急への合併でデハ2502となる。1946（昭和21）年に火災を受け、1949（昭和24）年に日本車輌東京支店で復旧。1960（昭和35）年に東横車輛工業で電飾解除のうえ2000形の中間車に改造され、デハ2011の編成に組み込まれた。古い車両を中間車に組み込んだのは、昇圧を控え14m級中型車の置き換えを迫られたが、一気に新車を投入するほど資金に余裕がなかったので、中間車を在来の中型車でまかなったため。社内では「混用編成」と呼ばれた。
◎東府中　1960（昭和35）年1月18日

京王電軌デハ410→デハ2410の経歴を持つ1940（昭和15）年製デハ222。14m級の中型車は2両編成2本が井の頭線から
の電装品で昇圧改造を受けデハ222に改番、支線区や荷物・社用電車の代用として残された。撮影日は「社用」のサボ
をつけて京王線を走行中。デハ222は廃車後も保存され、現在はデハ2410に復元された姿で「京王れールランド」で展
示されている。◎千歳烏山　1966（昭和41）年12月24日

1953（昭和28）年から登場した正面2枚窓の2700系の2次車、デハ2720。2次車からは側窓が上部Hゴム固定のいわゆるバス窓になっている。デハ＋クハを2本合わせた4両編成の府中競馬正門前行き急行。
◎東府中～府中競馬正門前
1958（昭和33）年9月7日

2600系は1950（昭和25）年登場の日立製作所製で、戦後京王線に入った初めての新車。16m級3両編成だが、登場時は地上設備の改修が間に合わず2両編成で使われた。ノーシルノーヘッダーで張り上げ屋根の車体、撮影のころに雨樋がつけられている。
◎下高井戸
1958（昭和33）年9月7日

1958（昭和33）年12月に日立製作所で作られた京王線最初の新性能電車デハ2000系（2003）。2000系はデハ2000とデハ2050とでMMユニットを組む。しかし昇圧前は変電所容量の関係で、4両編成の場合は1両分のモーターをカットしていたという。◎笹塚　1960（昭和35）年6月

1959（昭和34）年からの製造分は、昇圧後MT編成が組めるように電装品を見直した2010系が製造された。当初は本系列だけで2両編成を組み、1960（昭和35）年以降は付随車化した中型車を組み込んだ4両編成で使われた。中間車は1964（昭和39）年以降、2700系を付随車化した車にさしかえられている。◎明大前〜下高井戸　1964（昭和39）年4月5日

デハ2024など2010系のうち1962（昭和37）年に製造されたグループは、中間サハは中型車の車籍名義を使い新造、4両車体の揃った編成となった。そのため昇圧後5000系と合わせた塗装になり、特急運用にも就いた。
◎明大前〜下高井戸　1963（昭和38）年10月13日

5000系は1963（昭和38）年の昇圧に
あわせ、車体塗装を一新しイメージ
チェンジして登場した。クハ5702
の編成は新造の基本4両編成、クハ
5075の編成は2700系を電装解除し
た電装品を用いた5070形の増結2
両編成、後に5100系に改番される。
◎明大前
1964（昭和39）年4月5日

1968（昭和43）年から5000系に冷房装置が試作搭載され、翌年から量産冷房車を製造、1970（昭和45）年からは冷房改造が
実施される。クハ5873を含む5123編成は、1969（昭和44）年の分散型クーラーを搭載する量産新製冷房車。5000系最後
の増備となったこの年は分散型クーラー搭載の編成と、集中型クーラー搭載の編成の2種類があった。
◎明大前～下高井戸　1973（昭和48）年5月13日

6000系は多摩ニュータウン新線開業、都営新宿線乗り入れを控え、製造コストを抑えながら輸送力を保つため車体を20ｍ4扉とし、5000系7両編成の収容力を6両編成で確保できるようにした車両。クハ6759を含む2次車の編成は1973（昭和48）年に登場し、制御器が抵抗制御から回生制動つき界磁チョッパ制御に変更されている。
◎桜上水　1975（昭和50）年5月11日

クハ1203は元・帝都電鉄のクハ259。戦災復旧後の更新時に台枠を流用して車体を新製した。井の頭線で使われていたが、1967（昭和42）年に台車交換で改軌し、京王線へ転属。競馬場線、動物園線、高尾線用の電車となった。1974（昭和49）年に6000系の増備で廃車され、伊予鉄道に譲渡されている。
◎高尾～高尾山口
1970（昭和45）年4月24日

古くは多摩川の砂利も運んだ京王電軌ではあるが、無蓋電動貨車デト211は1954（昭和29）年に新製されたので、もっぱら事業用途で使われた。1963（昭和38）年の京王線昇圧に際して、電装品を井の頭線転用のものに交換し対応している。
◎桜上水工場　1964（昭和39）年2月15日

デニ201は1953（昭和28）年に東急車両でデニ2901荷物電車として新製され、1957（昭和32）年にデニ201に改番された。
◎初台～幡ヶ谷　1961（昭和36）年12月9日

井の頭線の電車

帝都電鉄時代の電車はモハ100形、200形、クハ500形、250形だった。

小田原急行鉄道に合併当時は改番せずに使われたが、東京急行電鉄発足時に製造年次順に古い小田原線車両を追う形で1000番台の車号に改番された。

戦時中に永福町車庫が戦災を受け、帝都電鉄の多くの電車が被災した。

戦後小田原線所属車や（旧）青梅電鉄の応援車が急

遽作られた代田連絡線から入線し、東急や京浜向けに計画した新車1700形、1710形を井の頭線へ振向けられた。

そして戦災復旧車が登場してくると他線からの応援車は返還され、さらに車両不足の深刻な線区へ（元）帝都電鉄車も転出していく。

1952（昭和27）年に番号整理のため改番、以降1800形、1900形、1000系、3000系と増備されていく。

1400形は戦災を受けずに済んだ帝都電鉄オリジナルの車、モハ100形104。東急合併でデハ1404となり、その後1952（昭和27）年の改番でデハ1402となる。戦後に改装を受けて前照灯も京王独特の2灯化されているが、昔の面影を残している。1967（昭和42）年に台車を履き替え京王線に転属している。◎高井戸　1964（昭和39）年8月2日

クハ1250形は、帝都電鉄の戦災復旧車を車体新造更新した元・クハ1570形グループと、新造車デハ1761形を電装解除したグループからなり、車両形態はほぼ同一。クハ1255は帝都電鉄クハ256で、東急になってクハ1556、戦災復旧でクハ1571になり、1951（昭和26）年に車体新造更新、1952（昭和27）年の改番でクハ1255となる。
◎駒場～東大前　1965（昭和40）年1月25日

1700形は戦災で大きな被害を受けた井の頭線へ、東横線で使用する予定の電車を急遽井の頭線へ振り向けて1946（昭和21）年に登場した。1710形は同じく京浜線向けの電車を井の頭線に振り向けた。このグループは長軸台車を用いていたため、1967（昭和42）年には改軌して京王線に転属している。1600番台の車号は小田原線に当てられたので、1700形へ車号が飛んだ。◎東松原〜明大前　1964（昭和39）年11月14日

1800系は、1952（昭和27）年に東急
横浜製作所で戦災復旧車を更新し
たデハ1801 〜 1803と、日本車輛で
新造されたデハ1804 〜 1808、戦災
復旧車の更新名義による新車の中
間車サハ1301 〜 1305からなる。デ
ハ1801 〜 1803は1967（昭和42）年に
台車を履き替え京王線に転属して
いる。
◎富士見ヶ丘
1964（昭和39）年4月2日

1900形は1953（昭和28）年に日立製作所で新造され、京王線2700系を井の頭線仕様にした車両。
◎富士見ヶ丘　1964（昭和39）年4月2日

1000系は1957（昭和32）年東急車輌製造で新造。新性能電車である京王線の2000系を井の頭線仕様にした車両。当初は
3両編成、1961（昭和36）年の井の頭線4両編成化で3両が増備され、2両編成×2の3編成となった。
◎富士見ヶ丘　1964（昭和39）年4月2日

3000系は1962（昭和37）年に東急車輛製造で新造された京王帝都初のオールステンレスカー。運転台窓まわりは7色レインボーカラーのFRP（強化プラスチック）が使用された。最初の2編成は在来車と同じ狭幅の片開きドア。
◎駒場　1964（昭和39）年10月4日

第3編成目以降は車体幅が広がり、裾が絞られてドアも両開きとなった。◎渋谷　1964（昭和39）年11月20日

荷物電車のデニ101は、1944（昭和19）年に日本鉄道自動車工業で製造され、竹鼻鉄道発注の名鉄770形と同型車で、東芝府中工場で使われていたものを購入したもの。戦後の輸送力増強のためであったが、15m級の2扉車で他の車より小さいこともあり、1957（昭和32）年に荷物電車に改造された。戦災で永福町の車庫が被災し、多くの車両を失った井の頭線を救済するため、小田急線の現・世田谷代田駅（戦災前は世田谷中原駅があったが休止中）と、井の頭線の代田二丁目駅（現・新代田駅）の間に急遽連絡線を設け、車両の応援や復旧搬出に使用された。この電車も代田連絡線を使って井の頭線へ搬入されている。◎下北沢　1958（昭和33）年12月20日

京王線の絵葉書 所蔵・文　生田誠

【多摩川橋梁を渡る電車（大正末期）】
1925（大正14）年に府中〜東八王子（現・京王八王子）間を開通させた玉南電気鉄道（現・京王本線）が多摩川に架橋した橋梁の上を、2両編成の1形電車が渡ってゆく。この多摩川橋梁があったのは中河原〜関戸間であり、関戸駅は京王電気軌道（現・京王本線）に合併された後の1937（昭和12）年、「聖蹟桜ヶ丘」に駅名を改称した。

【京王電気軌道500形電車（昭和戦前期）】
「特別ボギー車」と説明されている、京王電気軌道500形電車を撮影した絵葉書。この500形は1931（昭和6）年、京王電気軌道が御陵線を開通させた際、雨宮製作所が製作した皇族用の貴賓車で、トイレも備えていた。しかし、貴賓車として使用されることはないまま、1938（昭和13）年に一般車両に改造された。

【高幡駅（大正末期）】
1925（大正14）年、玉南電気鉄道（現・京王本線）の開通時に高幡駅として開業した、現・高幡不動駅。当時の駅は現在地より少し西側に存在し、1937（昭和12）年に高幡不動駅と駅名を改称した。これは開業の際に玉南電気鉄道が発行した8枚組の絵葉書の1枚で、自転車が置かれている平屋の駅舎の風景であり、駅前広場もまだ舗装されていなかった。

第3章

他社へ移った
京王帝都電鉄の車両

近年は2000系3000系5000系電車が中小私鉄には手ごろなサイズだっ
たために京王重機が積極的に売り込んだので多くの車両が譲渡された
が、それよりも前の世代でも中小私鉄への譲渡があった。
それらの車両からヒギンズさんが撮られていた車両を紹介。

京福電気鉄道福井支社

庄内交通湯野浜線

江ノ島鎌倉観光

小田急電鉄

京福電気鉄道福井支社

1964（昭和39）年に京王線昇圧で廃車になったデハ2408・2402・2404を東急車輛製造で改造のうえ、ホデハ261～263として竣工させた。1973（昭和48）年以降、南海電鉄の昇圧で廃車になる600V車の転入で、1976（昭和51）年に廃車された。
◎福井　1975（昭和50）年5月1日

庄内交通湯野浜線

1954（昭和29）年に戦災復旧車だったデハ2119を日本鉄道自動車で改修・改造してモハ7として竣工。1975（昭和50）年の湯野浜線廃線まで活躍。◎善宝寺　1970（昭和45）年5月16日

1964（昭和39）年に京王線昇圧で廃車になったデハ2405を東洋工機で改造しモハ8として竣工した。1975（昭和50）年の湯野浜線廃線まで活躍。◎鶴岡付近　1970（昭和45）年5月16日

江ノ島鎌倉観光（現・江ノ島電鉄）

直接車両が譲渡されたわけではないが、元・玉南電気鉄道のデハ2000形の廃車後不要になった台枠を用いて1960（昭和35）年に東横車輛工業碑文谷工場で305編成として竣工。その後も改造を加えながら現在も活躍している。
◎峰ヶ原信号場　1964（昭和39）年10月3日